Anja Böttinger

# Schritte PLUS ALPHA NEU 1

Deutsch im Alpha-Kurs
Deutsch als Zweitsprache

**Trainingsbuch**

Hueber Verlag

**Beratung:**
Michaela Bartel, Lehrerin und Autorin für Unterrichtsmaterialien, Weichs

**Binnendifferenzierende Aufgaben:**

★ Buchstaben erkennen

★★ Buchstaben schreiben; Lesen (Stufe 1)

★★★ Sinnentnehmendes Lesen (Stufe 2); Schreiben

Die Hörtexte finden Sie in der *Hueber Media*-App
und unter www.hueber.de/schritte-plus-alpha-neu



6. 5. 4. | Die letzten Ziffern
2028 27 26 25 24 | bezeichnen Zahl und Jahr des Druckes.
Alle Drucke dieser Auflage können, da unverändert, nebeneinander benutzt werden.
1. Auflage

Umschlaggestaltung: Sieveking Agentur, München
Layout und Satz: Sieveking Agentur, München
Redaktion: Karin Ritter, Ingo Heyse und Lena Bengel, Hueber Verlag, München
Druck und Bindung: Passavia Druckservice GmbH & Co. KG, Passau
Printed in Germany
ISBN 978-3-19-181452-6

Art. 530_24689_001_04

# Inhalt

## 1 Halten Sie den Stift. Zeichnen Sie nach. Zeichnen Sie weiter.

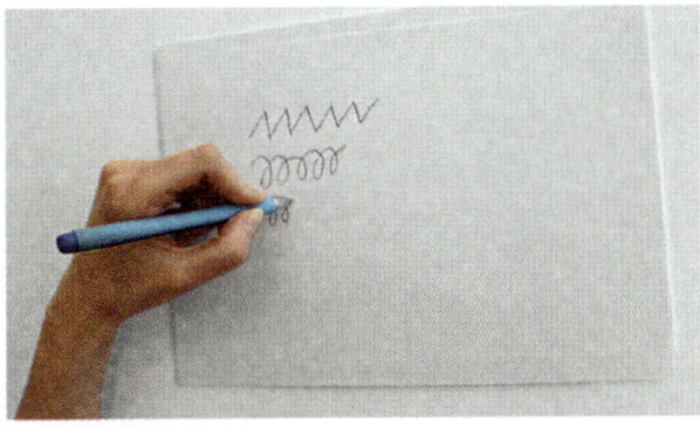

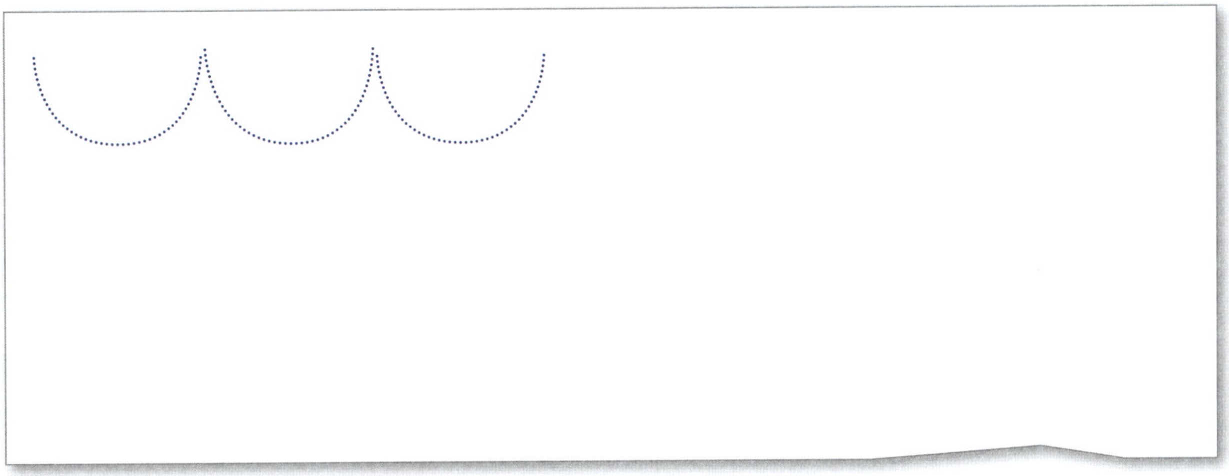

## 2 Zeichnen Sie nach.

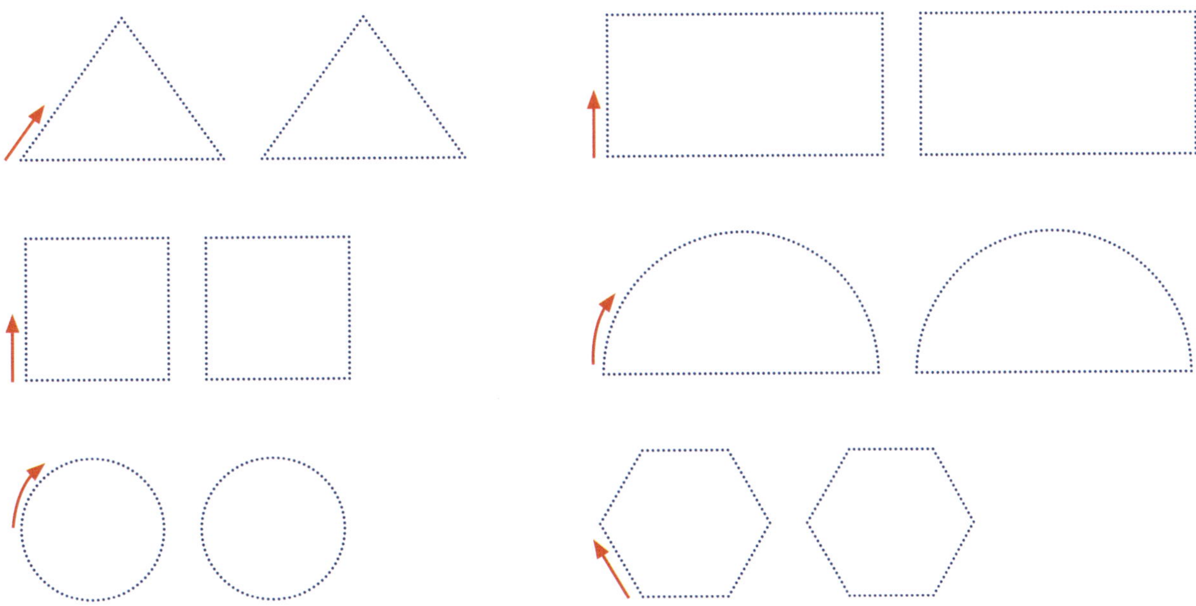

# Im Kurs

**3** Wer hat was? Zeichnen Sie die Linien weiter.

**4** Zeichnen Sie nach. Zeichnen Sie weiter.

## 5 Was hören Sie? Kreuzen Sie an.

☐ 
☐ 
☐ 

☐ 
☒ 
☐ 

## 6 Zeichnen Sie nach. Zeichnen Sie weiter.

# Das kann ich.

## Lektionswortschatz

Hören Sie und sprechen Sie nach.

Buch

Schere

Heft

Stift

Radiergummi

Tasche

## Kommunikation

Hören Sie und sprechen Sie nach.

|  |  |  |  |
| --- | --- | --- | --- |
| Lesen Sie. | Sprechen Sie. | Hören Sie. | Schreiben Sie. |

Hören Sie und sprechen Sie nach.

Hallo.

Guten Tag.

Ich heiße Anna.
Wie heißen Sie?

Wie heißt das auf Deutsch?

Ja.

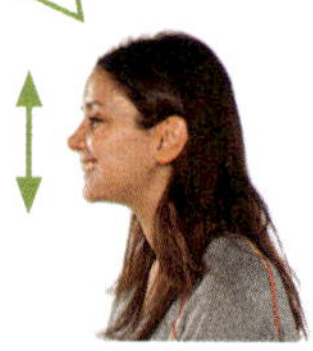

Nein.

Tschüss.

**1** Zeichnen Sie nach. Zeichnen Sie weiter.

**2** Schreiben Sie.

A A

a a

A a A a

**3** Schreiben Sie.

N N

n n

N n N n

**4** Markieren Sie (A) (a) und N n.

A N n a o O p a n m N
M u a H A D T N b
d a n u N Z A X K A o
c A H N L n z m q g o

**5** Schreiben Sie.

A N A N

A n A n

N a N a

a n a n

**6** Schreiben Sie.

E E

e e

E e E e

**7** Schreiben Sie.

A N E A N E

a n e a n e

N A E N A E

**8** Markieren Sie E e.

F A E N n e a o E H F K
p a E F e u a H A E D T
E b e d a n u E Z A X K
e o c E T N L e q g o

**9** Mit welchem Buchstaben beginnt das Wort? Schreiben Sie.

A

**10** Lesen Sie.

NA NE NA NE
na ne ne na
ne en Ne En

Na Na Ne Ne
ne en an na
en EN an AN

## 11 Schreiben Sie.

Na Ne Na Ne

An En An En

## 12 Schreiben Sie.

Anna Anna

Nana Nana

Enna Enna

Nena Nena

Anne Anne

## 13 Ergänzen Sie **N n**.

An__ __a  __a__a  E__ __a  __e__a  A__ __e

## 14 Hören Sie die Fragen und antworten Sie.

**15** Hören Sie und lesen Sie mit.

Hallo. Ich heiße Nana.
Ich komme aus Ghana.

Guten Tag. Ich heiße Enna.
Ich komme aus Deutschland.

Hallo. Ich heiße Enes.
Ich komme aus Algerien.

Guten Morgen. Ich heiße Anas.
Ich komme aus Syrien.

★ Markieren Sie A a, N n und E e.

★★ Ergänzen Sie **A a, N n, E e**.

Ich heiß_e_ N___n___. Ich komm___ aus Gh___n___.
Ich h___iß___ _A_n___s. Ich komm___ ___us Syrie___.

★★★ Ordnen Sie zu.

| | |
|---|---|
| Nana | Deutschland |
| Enna | Syrien |
| Enes | Ghana |
| Anas | Algerien |

# 1 Das kann ich.

## Lektionswortschatz

Hören Sie und sprechen Sie nach. Schreiben Sie dann.

A meise

___ nanas

___ pfel

___ nte

___ sel

___ ssen

___ ase

___ udeln

___ uss

## Kommunikation

Hören Sie und sprechen Sie nach.

Woher kommen Sie?

Ich komme aus Deutschland.

Ich komme aus Österreich.

Ich komme aus der Schweiz.

Schreiben Sie Ihren Namen und Ihr Land.

Ich heiße ______________________________.

Ich komme aus ______________________________.

**1** Schreiben Sie.

M M

m m

M m M m

**2** Schreiben Sie.

P P

p p

P p P p

**3** Schreiben Sie.

Ma Me Ma Me

Pa Pe Pa Pe

**4** Markieren Sie (M) (m) und P p.

| | | | | | | | | | | | | |
|---|---|---|---|---|---|---|---|---|---|---|---|---|
| (M) | N | n | m | p | a | o | P | F | p | P | m | w |
| M | W | N | H | d | p | p | a | m | l | b | p | o |
| a | P | B | D | P | M | K | Z | W | M | n | u | m |
| q | p | g | f | l | m | z | e | p | o | h | c | q | d |

**5** Schreiben Sie.

T

t

T t

**6** Schreiben Sie.

O

o

O o

**7** Schreiben Sie.

To Mo

to mo

**8** Markieren Sie (T) (t) und O o.

F T L t l T C O D o a u o t
f l r o e ö ä a o O Q o q E
T F J P T T t l l f t t r a o
o p q T R F G O L c o h t e

**9** Mit welchem Buchstaben beginnt das Wort? Schreiben Sie.

    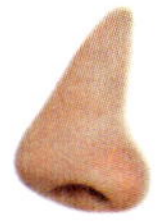   

**10** Ordnen Sie zu.

Oma

Tee

Tante

Papa

Ente

Name

**11** Was ist gleich? Markieren Sie.

| | | |
|---|---|---|
| Na Ma Na | Te To To | me Me me |
| To Ta Ta | Pa Pa Po | Ta Ta to |
| Ma Ma Me | Na Ne Na | ne me me |
| Pa Po Pa | Pe Po Po | To Pa To |

**12** Wer ist das? Zeichnen Sie nach. Schreiben Sie dann.

Emana

Neta

**13** Schreiben Sie.

Tee Tee

Ente Ente

Tomate Tomate

**14** Schreiben Sie.

Tante Tante

Mama Mama

Oma Oma

Papa Papa

Opa Opa

**15** Suchen Sie Wörter und schreiben Sie.

| | | | | |
|---|---|---|---|---|
| M | A | M | A | N |
| P | O | P | A | E |
| N | A | O | M | A |
| T | P | A | P | A |
| T | A | N | T | E |

Mama

**16** Hören Sie und lesen Sie mit.

Das ist meine Tante.
Sie heißt Naama.

Das ist meine Mama. Sie heißt Meta.
Das ist mein Papa. Er heißt Anton.

Das ist mein Opa. Er heißt Pepe.
Das ist meine Oma. Sie heißt Anna.

★ Markieren Sie (M) (m) und O o.

★★ Ergänzen Sie.

| Tan t e | Ma__a Pa__a | __ma Op__ |
|---|---|---|

★★★ Wie heißen die Personen? Suchen Sie und schreiben Sie.

Meta ______ ______ ______

★★★ **Sie** oder **Er**? Ordnen Sie zu.

| | | | |
|---|---|---|---|
| Sie | heißt Anton. | Sie | heißt Naama. |
| Er | heißt Meta. | Er | heißt Pepe. |

# 2 Das kann ich.

## Lektionswortschatz

Hören Sie und sprechen Sie nach. Schreiben Sie dann.

 Mama

## Weitere Wörter

Hören Sie und sprechen Sie nach. Schreiben Sie dann.

 Milch

 und

 rdner

 aprika

 ulli

## Kommunikation

Hören Sie und sprechen Sie nach.

Wer ist das?

Das ist mein Papa.

Das ist meine Mama.

Das ist mein Opa.

Das ist meine Oma.

**1** Schreiben Sie.

S S

s s

S s S s

**2** Schreiben Sie.

B B

b b

B b B b

**3** Schreiben Sie.

Essen Essen

Nase Nase

Bett Bett

Banane Banane

**4** Markieren Sie.

S s: Das Sofa ist im Wohnzimmer.

B b: Barbara sucht das Buch.

Das Buch ist auf dem Bett.

**5** Schreiben Sie.

F

f

F f

**6** Schreiben Sie.

L

l

L l

**7** Schreiben Sie.

Foto

Lampe

Sofa

Tante

**8** Markieren Sie.

F f: Auf dem Sofa sind das Heft, der Stift und das Foto.

L l: Auf dem Tisch sind die Lampe und der Apfel.

**9** Schreiben Sie.

| A | B | | L | | P | | T |
|---|---|---|---|---|---|---|---|
| a | b | e | | n | | s | |

**10** Mit welchem Buchstaben beginnt das Wort? Schreiben Sie.

S

**11** Ergänzen Sie. Hören Sie und lesen Sie mit.

| | a | e | o |
|---|---|---|---|
| S | Sa | Se | So |
| T | | | |
| B | | | |
| P | | | |

| | a | e | o |
|---|---|---|---|
| F | | | |
| N | | | |
| L | | | |
| M | | | |

**12** Ordnen Sie zu und schreiben Sie.

| | | | |
|---|---|---|---|
| Fo | fa |  | Foto |
| Sa | to |  | |
| So | lat |  | |

# 3 Wohnung

## 13 Schreiben Sie.

| A | | E | | | M | | S | |
|---|---|---|---|---|---|---|---|---|
| a | b | | f | l | | n | | t |

## 14 Hören Sie und suchen Sie das Wort.

Tomate Ente Tee Banane Essen Lampe

Salat Esel

Nase Bett Ananas Sofa

## 15 Hören Sie die Wörter noch einmal.
Lesen Sie in Aufgabe 14 mit und sprechen Sie nach.

## 16 Schreiben Sie.

 Esel

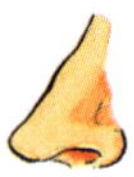

**17** Hören Sie und lesen Sie mit.

Hallo. Ich heiße Amal.
Das ist meine Wohnung.
Hier ist das Sofa. Hier ist
das Bett. Hier ist die Lampe.

★ Markieren Sie L l und S s.

★★ Was ist gleich? Markieren Sie.

Salat Sofa Sofa
Foto Foto Ente
Bett Buch Bett
Lupe Lampe Lampe

★★★ Wie heißt die Person? Schreiben Sie.

A

★★★ Welches Bild passt? Kreuzen Sie an.

☐ 

☐ 

☐ 

# 3 Das kann ich.

## Lektionswortschatz

Hören Sie und sprechen Sie nach. Schreiben Sie dann.

 das Bett

 das enster

 das

 die

 das

## Weitere Wörter

Hören Sie und sprechen Sie nach. Schreiben Sie dann.

 die Banane

 das uch

 der inger

 die eiter

 die upe

 der

 das alz

## Kommunikation

Hören Sie und sprechen Sie nach.

Entschuldigung.
Wie heißt das auf Deutsch?

Die Lampe.

Danke.
Hier ist die Lampe.

**1** Schreiben Sie.

0 0

1 1

2 2

3 3

4 4

5 5

**2** Wie viele? Zählen Sie und schreiben Sie.

**3** Wie heißt das auf Deutsch? Schreiben Sie.

• Lampe

•

•

•

•

**4** Ergänzen Sie.

| P / B | B ett P apa __uch __aprika __anane |
|---|---|
| M / N | __ama __ase __uss __und __ilch |
| a / o | F__t__ S__f__ N__se B__n__ne T__m__te |
| f / t | So__a Fo__o Sala__ Tele__on En__e |

**5** Was passt nicht? Streichen Sie durch.

0 1 2 5 3 4 3 5

0 1 2 1 3 4 5 4

5 4 3 2 1 2 0 3

5 4 0 3 2 1 5 0

**6** Schreiben Sie.

6 6

7 7

8 8

9 9

10 10

11 11

12 12

**7** Zeichnen Sie nach. Zeichnen Sie weiter.

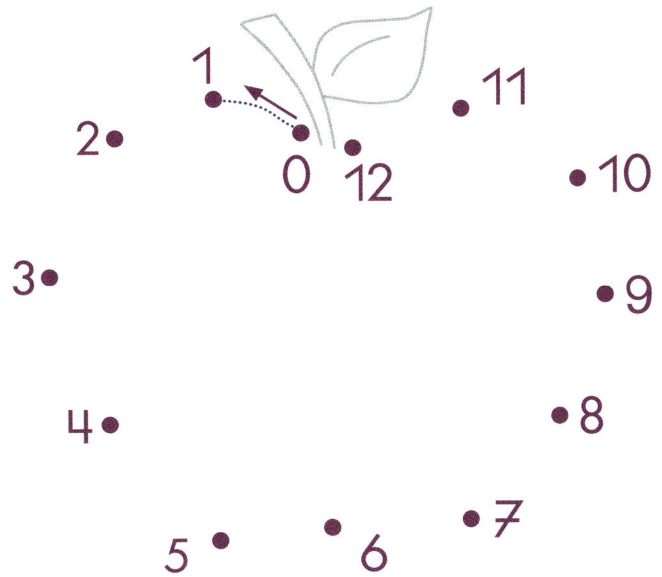


**8** Rechnen Sie und schreiben Sie.

| | | |
|---|---|---|
| 2 + 1 = 3 | 3 + 3 = ____ | 5 + 4 = ____ |
| 9 + 3 = ____ | 3 + 8 = ____ | 2 – 1 = ____ |
| 7 – 2 = ____ | 9 – 5 = ____ | 11 – 9 = ____ |

**9** Wie viele sind gleich?
Markieren Sie und schreiben Sie die Zahl.

| | |
|---|---|
| Bett Tee Bett Bett Buch Bett | 4 |
| Foto Ente Ente Esel Ente Essen | ☐ |
| Sofa Sofa Sofa Lampe Sofa Sofa | ☐ |
| Lupe Foto Lampe Lampe Nudeln Bett | ☐ |
| Nase Nudeln Nase Nuss Mama Nase | ☐ |

**10** Wie ist die Telefonnummer? Hören Sie und ergänzen Sie.

| | |
|---|---|
| 1 018 7 22 __ 75 __ | 2 0 __ 73 __ 25 __ 77 |
| 3 __ 165 __ 1 __ 266 | 4 014 __ 9 __ 32 __ 8 |

**11** Wie viel Uhr ist es? Ergänzen Sie.

| | | | |
|---|---|---|---|
| 01:00 | Es ist 1 Uhr. | 02:00 | Es ist ____ Uhr. |
| 05:00 | Es ist ____ Uhr. | : | Es ist 4 Uhr. |
| : | Es ist 9 Uhr. | 07:00 | Es ist ____ Uhr. |
| 11:00 | Es ist ____ Uhr. | : | Es ist 10 Uhr. |

**12** Ordnen Sie zu.

| | |
|---|---|
| Wie heißen Sie? | Das sind 3. |
| Wie viel Uhr ist es? | 0187 553322. |
| Wie viele sind das? | Anna. |
| Wie ist Ihre Telefonnummer? | 8 Uhr. |

**13** Hören Sie und lesen Sie mit.

Das ist Selma. Selma kommt
aus Bosnien. Sie hat ein Telefon.
Wie ist ihre Telefonnummer?
Ihre Telefonnummer ist 0176 5200378.
Sie hat auch eine Uhr. Es ist 12 Uhr.

★ Markieren Sie die Zahlen (0), 1 und [2].

★★ Welche Telefonnummer ist richtig? Kreuzen Sie an.

- ☐ 0176 5202378
- ☐ 0176 5200378
- ☐ 0176 5200478
- ☐ 0176 5200387

★★★ Schreiben Sie die Antwort.

| | |
|---|---|
| Wer ist das? | |
| Woher kommt sie? | Bosnien |
| Wie ist die Telefonnummer? | |
| Wie viel Uhr ist es? | Uhr |

Extra: Schreiben Sie.

? ? ?

# 4 Das kann ich.

## Lektionswortschatz

Hören Sie und sprechen Sie nach. Schreiben Sie dann.

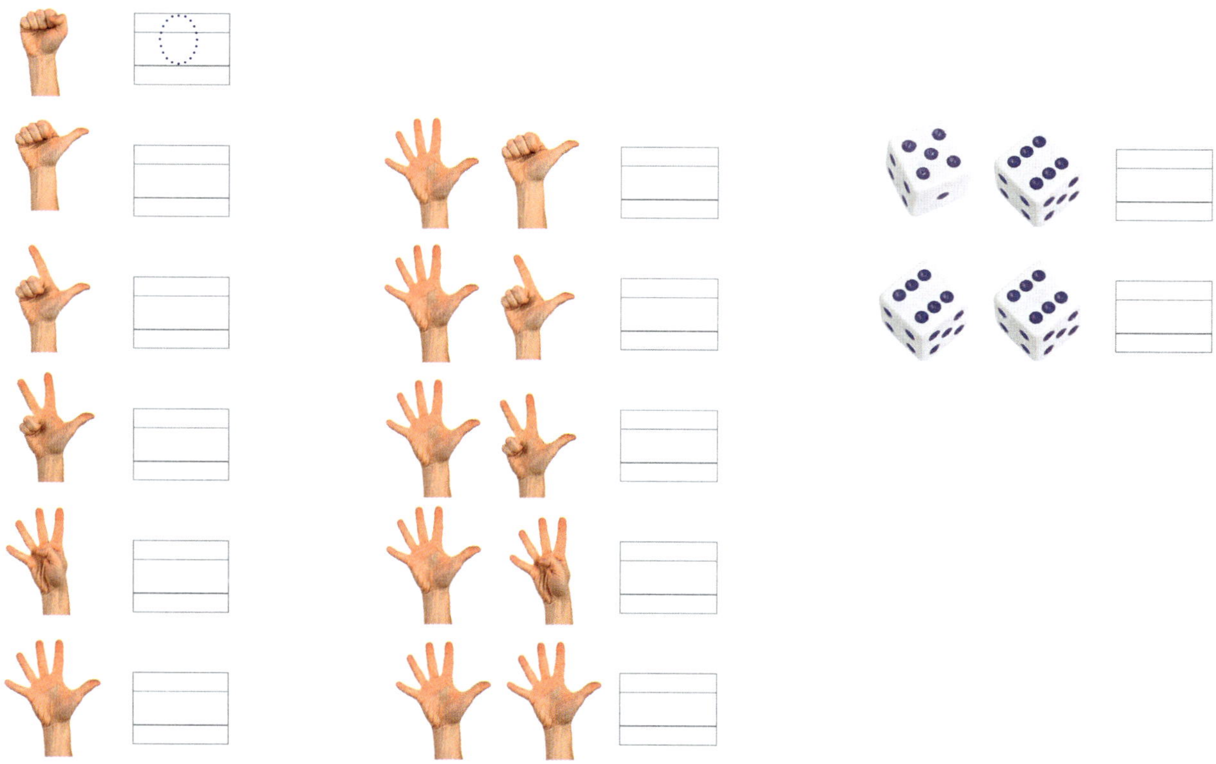

## Kommunikation

Hören Sie und sprechen Sie nach.

Wie viele sind das?

Das sind 5.

Entschuldigung.
Wie viel Uhr ist es?

Es ist 3 Uhr.

Wie ist Ihre Telefonnummer?

Meine Telefonnummer ist 0176 5574534.

# Testen Sie sich. Lektion 1–4

**1** Schreiben Sie 5 Buchstaben.

☺ 😐 ☹

☐ ☐ ☐

**2** Ordnen Sie zu.

| 1 | | | 2 | | | 3 | | |
|---|---|---|---|---|---|---|---|---|
| | B | n | | A | e | | F | f |
| | N | m | | O | a | | L | t |
| | M | b | | E | o | | T | l |

☺ 😐 ☹

☐ ☐ ☐

**3** Mit welchem Buchstaben beginnt das Wort? Schreiben Sie.

P

☺ 😐 ☹

☐ ☐ ☐

**4** Schreiben Sie.

Mama M

Papa

Oma

Opa

☺ 😐 ☹

☐ ☐ ☐

## 5 Wie heißt das auf Deutsch? Schreiben Sie.

 Foto

 ________

 ________

 ________

 ________

 ________

 ________

## 6 Ergänzen Sie.

1. Wi___ heiß___n Sie?
2. W___her k___mmen Sie?
3. Wie i___t Ihr___ Telef___nnu___ ___er?
4. Wie vie___ Uhr is___ e___?

## 7 Lesen Sie und schreiben Sie.

Ich heiße Lena. Meine Telefonnummer ist 9 24 28 07.

Name: ________

Telefonnummer: ________

**1** Schreiben Sie.

I I

i i

I i I i

**2** Schreiben Sie.

D D

d d

D d D d

**3** Schreiben Sie.

• Dose Dose

• Insel Insel

• Imbiss Imbiss

das das

**4** Lesen Sie und markieren Sie.

D d: Da ist die Dose und da ist das Sofa.

I i: Da ist der Imbiss und da ist die Info.

**5** Schreiben Sie.

H H

h h

H h H h

**6** Schreiben Sie.

U U

u u

U u U u

**7** Schreiben Sie.

• Hand Hand

• Hund Hund

• Mund Mund

**8** Ergänzen Sie.

 • Hund

 • ___ose

 • ___hr

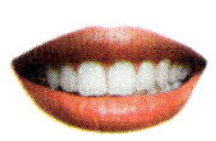 • ___und

 • ___ose

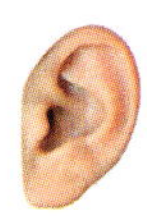 • ___hr

## 9 Ordnen Sie zu und schreiben Sie mit **das** oder **die**.

| | | | |
|---|---|---|---|
| 1 Do | tel |  | die Dose |
| 2 Ho | te |  | |
| 3 En | se |  | |
| 4 In | se |  | |
| 5 Es | sel |  | |
| 6 Na | sen |  | |

## 10 Mit welchem Buchstaben beginnt das Wort? Schreiben Sie.

| 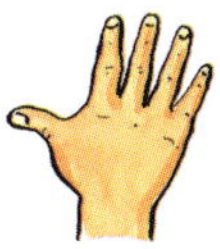 |  | 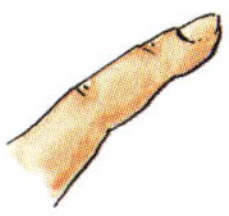 |  |  |  |  |  |
|---|---|---|---|---|---|---|---|
| H | | | | | | | |

## 11 Ergänzen Sie. Hören Sie und lesen Sie mit.

| | a | e | i | o | u |
|---|---|---|---|---|---|
| H | Ha | | | | |
| D | | | | | |
| T | | | | | |
| L | | | | | |

## 12 Suchen Sie Wörter und schreiben Sie mit **das** oder **die**.

| | | | | | | |
|---|---|---|---|---|---|---|
| T | A | B | U | S | F | T |
| M | P | O | S | T | U | M |
| H | A | H | O | T | E | L |
| L | I | M | B | I | S | S |
| B | A | H | N | H | O | F |

- • der Bus
- •
- •
- • der
- • der

## 13 Bilderdiktat. Schreiben Sie.

• die Oma

•

• der

•

• der

• der

• der

• der

## 14 Schreiben Sie die Antwort.

1. Wo ist der Bus? — Da ist der Bus.
2. Wo ist die Post?
3. Wo ist die U-Bahn?
4. Wo ist das Hotel?

**15** Hören Sie und lesen Sie mit.

1 Ich bin Hamid. Ich nehme den Bus zum Kurs. Da ist der Bus.

2 Ich bin Malala. Da ist die U-Bahn. Ich nehme die U-Bahn zum Kurs.

★ Markieren Sie U u und I i.

★★ Ordnen Sie die Sätze und schreiben Sie.

|  | |
|---|---|
| Da · Bus · ist · der · . | Da ist der Bus. |
| U-Bahn · Da · ist · die · . | |
| Ich · den · Bus · nehme · . | Ich |
| die · nehme · Ich · U-Bahn · . | Ich |

★★★ Was ist richtig? Kreuzen Sie an.

1 Wie fährt Hamid zum Kurs?

☐  ☐  ☐ 

2 Wie fährt Malala zum Kurs?

☐  ☐  ☐ 

## Lektionswortschatz

Hören Sie und sprechen Sie nach. Schreiben Sie dann.

 der Bahnhof

 der

 der

## Weitere Wörter

Hören Sie und sprechen Sie nach. Schreiben Sie dann.

 das Dorf

 der

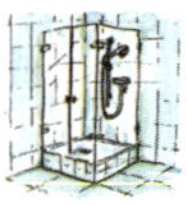 usche

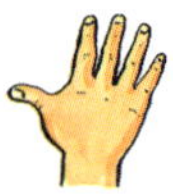

 nterschrift

## Kommunikation

Hören Sie und sprechen Sie nach.

Wie fahren Sie zum Kurs?

Ich nehme den Bus.

Ich gehe zu Fuß.

Wo ist die Post?

Da ist die Post.

**1** Schreiben Sie.

W W

w w

W w W w

**2** Schreiben Sie.

R R

r r

R r R r

**3** Schreiben Sie.

der Wind der Wind

die Wand die Wand

das Rad das Rad

das Radio das Radio

**4** Lesen Sie und markieren Sie.

W w: Uwe und Wanda wohnen in Wuppertal.

R r: Das Radio ist rot. Das Rad ist rund.

**5** Mit welchem Buchstaben beginnt das Wort? Schreiben Sie.

 H

**6** Schreiben Sie.

G G

g g

G g G g

**7** Trennen Sie die Wörter und schreiben Sie die Sätze.

1. Wie|geht|es|Ihnen? Wie geht es Ihnen?
2. Mirgehtessehrgut.
3. Wiegehtesdir?
4. Esgeht.

**8** Ergänzen Sie.

| | | |
|---|---|---|
|  die P̲ost |  der __ahnhof |  das Fo__o |
|  die Ho__e |  das Ra__ |  der Ese__ |

**9** Lesen Sie.

1. Sa So Ri Re Wa Wi — Sonne Regen Wind
2. Hu Ho Pa Po Bi Ba — Hotel Post Bahnhof
3. An Am Im In On Or — Ameise Insel Ordner

**10** Schreiben Sie die Wörter aus Aufgabe 9 mit **der**, **das** oder **die**.

 die Sonne

 ______

 ______

 ______

______

______

 ______

 ______

 ______

**11** Welches Wort passt nicht? Streichen Sie durch.

1. Bus U-Bahn ~~Post~~ S-Bahn
2. Sonne Wind Regen Radio
3. Pulli Paprika Tomate Salat
4. Imbiss Hotel Dose Bahnhof

**12** Ordnen Sie zu und schreiben Sie mit **der**, **das** oder **die**.

| | | | | |
|---|---|---|---|---|
| 1 | Son | gen |  | die Sonne |
| 2 | Re | ter |  | |
| 3 | Wet | ne |  | |
| 4 | Ra | bel |  | |
| 5 | Ro | dio |  | |
| 6 | Ga | se |  | |

**13** Markieren Sie **nicht**.

1. Es | ist | nicht | warm | .
2. Es | ist | nicht | sonnig | .
3. Es | ist | nicht | windig | .
4. Es | regnet | nicht | .

**14** Hören Sie und lesen Sie mit.

Guten Tag, Ahmad.
Wie geht es dir? Mir geht es gut. Ich bin in Ulm.
Ulm ist toll. Es ist sonnig. Wie ist das Wetter in Bonn?
Bis bald
Miriam

★ Markieren Sie W w und R r.

★★ Ergänzen Sie.

1 Wie geht es dir?
2 ______ geht es gut.
3 Es ist ____________.
4 Wie ist das ____________ in Bonn?

★★★ Was ist richtig? Kreuzen Sie an.

1 ☐ Miriam geht es sehr gut.
  ☐ Miriam geht es gut.

2 ☐ Miriam ist in Ulm.
  ☐ Miriam ist in Bonn.

3 ☐ Es regnet.
  ☐ Es ist sonnig.

# 6 Das kann ich.

## Lektionswortschatz

Hören Sie und sprechen Sie nach. Schreiben Sie dann.

 der Regen

 olke

## Weitere Wörter

Hören Sie und sprechen Sie nach. Schreiben Sie dann.

 die Gabel

## Kommunikation

Hören Sie und sprechen Sie nach.

Wie geht es Ihnen?

Mir geht es gut.

Wie ist das Wetter?

Es ist sonnig.

Es regnet.

**1** Schreiben Sie.

Z Z

z z

Z z Z z

**2** Schreiben Sie.

K K

k k

K k K k

**3** Schreiben Sie.

der Zug der Zug

die Zitrone die Zitrone

das Kind das Kind

das Kino das Kino

**4** Lesen Sie und markieren Sie.

K k: Karl und Erika essen Kuchen und Paprika.

Z z: Franz und Zenia sind im Zug. Susi ist im Zoo.

# 7 Essen und Trinken

## 5 Hören Sie und ergänzen Sie.

| | | | | | | |
|---|---|---|---|---|---|---|
| 1 | G/K | Gabel | __ino | __eld | __ind | __uchen |
| 2 | g/k | Papri__a | Ta__ | Re__en | Wol__e | Zu__ |
| 3 | S/Z | __alz | __itrone | __alat | __ug | __ofa |
| 4 | s/z | Sal__ | Ho__e | Do__e | ein__ | __wei |

## 6 Schreiben Sie.

Ei Ei

ei ei

Ei ei Ei ei

## 7 Schreiben Sie.

Ch Ch

ch ch

Ch ch Ch ch

## 8 Ergänzen Sie.

 Zitr__ne

 Ku__en

 To__a__e

 __a__at

**9** Lesen Sie.

1. Ki Ka Ku — Kino Kaffee Kuchen
2. Za Zo Zu — Zahn Zoo Zug
3. mei fei nei — mein fein nein
4. Bu Ku Da — Buch Kuchen Dach
5. di ni Mi — dich nicht Milch

**10** Trennen Sie die Wörter und schreiben Sie.

Tee|PaprikaEiKaffeeEisBanane

☒ Tee
☐
☐
☐
☐
☐

**11** Welche Wörter hören Sie? Kreuzen Sie in Aufgabe 10 an.

**12** Schreiben Sie mit **der**, **das** oder **die**.

 das Ei

## 13 Schreiben Sie mit **ein** oder **eine**.

1. die Ananas — eine Ananas
2. die Paprika
3. der Salat
4. das Eis
5. die Milch
6. der Tee

## 14 Was ist das? Schreiben Sie.

Das ist ein Ei.

## 15 Ordnen Sie zu.

| | |
|---|---|
| Was ist das? | Ich esse gern Paprika. |
| Was essen Sie gern? | Ich trinke gern Tee. |
| Was trinken Sie gern? | Das ist ein Kuchen. |

**16** Hören Sie und lesen Sie mit.

1 Ich heiße Mohamed. Ich esse gern Nudeln. Ich trinke gern Kaffee mit Milch.

2 Ich heiße Raza. Ich esse gern Ananas und Banane. Ich trinke gern Kaffee.

3 Ich heiße Ahmed. Ich esse gern Kuchen. Ich trinke gern Tee mit Zitrone.

★ Markieren Sie Z z und K k.

★★ Was essen die Personen gern? Ordnen Sie zu.

| | |
|---|---|
| Mohamed | Ich esse gern Kuchen. |
| Raza | Ich esse gern Nudeln. |
| Ahmed | Ich esse gern Ananas und Banane. |

★★★ Was trinken die Personen gern? Schreiben Sie.

Mohamed trinkt gern K______________.

Raza trinkt gern ______________.

Ahmed trinkt gern ______________.

# 7 Das kann ich.

## Lektionswortschatz

Hören Sie und sprechen Sie nach. Schreiben Sie dann.

 das Ei

## Weitere Wörter

Hören Sie und sprechen Sie nach. Schreiben Sie dann.

 das Dach

 ich

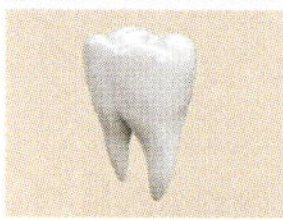

## Kommunikation

Hören Sie und sprechen Sie nach.

Was ist das?

Das ist ein Ei.

Was trinken Sie gern?

Ich trinke gern Kaffee mit Milch.

Was essen Sie gern?

Ich esse gern Kuchen und Eis.

## 1 Schreiben Sie.

X

x

X x

## 2 Schreiben Sie.

Sch

sch

Sch sch

## 3 Schreiben Sie.

das Taxi

der Text

die Schule

die Tasche

## 4 Lesen Sie und markieren Sie.

X x: Xenia und Max lesen im Taxi.

Sch sch: Sie schreiben Deutsch in der Schule.

## 5 Schreiben Sie.

C ____

c ____

C c ____

## 6 Hören Sie und ergänzen Sie.

| | |
|---|---|
| 1 x/s | Ho_s_e Ta__i Te__t Do__e |
| 2 S/Sch | ____alz ____ere ____uh ____ofa |
| 3 C/K | __ola __uchen __omputer __ino |

## 7 Was ist gleich? Markieren Sie.

1. Lehrer Kellner Kellner Kino
2. Schneider Schule Schneider Schuh
3. Taxi Taxi Text Mixer
4. Café Taxifahrer Lehrer Café

## 8 Schreiben Sie mit **der**, **das** oder **die**.

die Schule

____

____

____

____

____

**9** Ordnen Sie zu und schreiben Sie.

| | | | |
|---|---|---|---|
| 1 | Leh | der | Lehrer |
| 2 | Kell | rer | |
| 3 | Schnei | rer | |
| 4 | Taxifah | ner | |

**10** Ergänzen Sie **Er** oder **Sie**.

1. Meine Mama ist Kellnerin. Sie arbeitet im Café.
2. Mein Papa ist Kellner. ___ arbeitet im Imbiss.
3. Meine Tante ist Kellnerin. ___ arbeitet im Hotel.
4. Mein Opa ist Lehrer. ___ arbeitet in der Schule.
5. Meine Oma ist Schneiderin.
   ___ arbeitet in der Schneiderei.

**11** Ordnen Sie die Sätze und schreiben Sie.

1. arbeitet | im | Café | Sie | . — Sie
2. in | arbeitet | der | Er | Schule | .
3. Sie | Wo | arbeiten | ?

## 12 Berufe. Ergänzen Sie.

| | | | |
|---|---|---|---|
| Ti__sch__ler | M___ler | Poli___ist | Taxi___ahrer |
| Arz___ | An___alt | ___neider | Mechani___er |
| ___och | Leh___er | Kell___er | Elektrik___r |

## 13 Was ist richtig? Lesen Sie und kreuzen Sie an.

1. Die Lehrerin ist in der Schule. ☒
2. Da ist der Bahnhof. ☐
3. Der Kellner arbeitet im Café. ☐
4. Ein Kind ist in der Schneiderei. ☐
5. Es ist sonnig. ☐
6. Es regnet. ☐
7. Eine Taxifahrerin ist im Taxi. ☐
8. Da ist ein Bus. ☐

**14** Hören Sie und lesen Sie mit.

1 Das ist Carlos. Er kommt aus Costa Rica. Er ist Kellner. Er arbeitet im Café.

2 Das ist Xenia. Sie kommt aus Mexiko. Sie ist Taxifahrerin.

★ Markieren Sie Ⓒ ⓒ und X x.

★★ Was passt? **1** oder **2**? Ordnen Sie zu.

Kellner 1 Mexiko __ Café __

Taxifahrerin __ Costa Rica __

★★★ Schreiben Sie die Antwort.

Was ist Carlos von Beruf?

Er ____________________

Was ist Xenia von Beruf?

____________________

Wo arbeitet Carlos?

____________________

# Das kann ich.

## Lektionswortschatz

Hören Sie und sprechen Sie nach. Schreiben Sie dann.

das Café

## Weitere Wörter

Hören Sie und sprechen Sie nach. Schreiben Sie dann.

die Cola

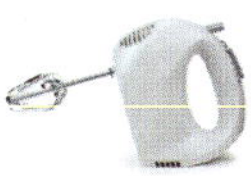

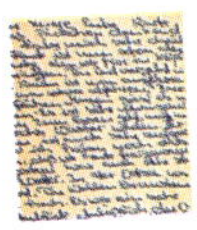

## Kommunikation

Hören Sie und sprechen Sie nach.

Was sind Sie von Beruf?

Ich bin Kellner.

Wo arbeiten Sie?

Ich arbeite im Café.

# Testen Sie sich. Lektion 5–8

**1** Ordnen Sie zu.

| | | | | | | | |
|---|---|---|---|---|---|---|---|
| 1 | M | w | 2 | D | b | 3 | Z | g |
| | U | m | | B | k | | S | z |
| | W | u | | K | d | | G | s |

**2** Mit welchem Buchstaben beginnt das Wort? Schreiben Sie.

R

**3** Schreiben Sie.

der Text der T

der Computer

die Schere

**4** Ergänzen Sie.

1 P_o_st ___otel Imbis___ Bah___hof

2 Re___en Sonn___ ___olke W___tter

## 5 Was ist das? Schreiben Sie.

 Das ist ein Kuchen.

## 6 Ordnen Sie zu.

| | |
|---|---|
| Wie ist das Wetter? | Ich nehme den Bus. |
| Was essen Sie gern? | Mir geht es gut. |
| Wie geht es Ihnen? | Es regnet. |
| Wie fahren Sie zum Kurs? | Ich esse gern Eis. |

## 7 Lesen Sie und schreiben Sie die Antwort.

Ich heiße Anne Lan. Ich bin Kellnerin von Beruf. Ich arbeite im Café.

Wie heißt die Frau? A

Was ist sie von Beruf?

Wo arbeitet sie?

# Quellenverzeichnis

**Cover:** © Getty Images/E+/Geber86 **S. 5:** Ü1 © Hueber Verlag/Nina Metzger **S. 6:** Frau © Thinkstock/iStock/erikreis; Mann © Thinkstock/iStock/m-imagephotography; Buch © fotolia/Taffi; Schere © Thinkstock/PhotoObjects.net/Hemera Technologies; Stift © Thinkstock/iStock/knotsmaster; Radiergummi © iStock/kemie **S. 7:** Ü5: 1. Reihe von links: © Thinkstock/PhotoObjects.net/Hemera Technologies; © iStock/kemie; © Thinkstock/PhotoObjects.net/Hemera Technologies; 2. Reihe von links: © Thinkstock/iStock/knotsmaster; © M.Jenkins – stock.adobe.com; © fotolia/Taffi **S. 8:** Wortschatz: 1. Spalte von oben: © fotolia/Taffi; © M.Jenkins – stock.adobe.com; © iStock/kemie; 2. Spalte von oben: © Thinkstock/PhotoObjects.net/Hemera Technologies; © Thinkstock/iStock/knotsmaster; © Thinkstock/PhotoObjects.net/Hemera Technologies; Kommunikation: Hallo © Getty Images/iStock/4x6; Guten Tag © Getty Images/iStock/excentric_01; Anna © Thinkstock/iStock/shipfactory; Frau Apfel © Thinkstock/iStock/Wavebreakmedia; Ja © Thinkstock/iStock/VladimirFLoyd; Nein © Thinsktock/iStock/seb_ra; Tschüss © Thinkstock/iStock **S. 11:** Ü9 von links: © Thinkstock/iStock/bochimsang; © Thinkstock/iStock/Gizelka; © Thinkstock/iStock/NatalyaAksenova; © Thinkstock/iStock/GlobalP; © Thinkstock/iStockphoto/Olga Popova; © fotolia/Aleksejs Pivnenko; © Thinkstock/iStock/Boarding1Now; © Thinkstock/iStock/Daniela Pelazza; © iStockphoto/Kaphoto **S. 12:** Ü14 © Thinkstock/iStock/michaeljung **S. 13:** von oben: © Thinkstock/iStock/ajr_images; Florian Bachmeier, Schliersee; © asem arab – stock.adobe.com; © Hueber Verlag/Felix Steffan **S. 14:** Wortschatz: 1. Spalte von oben: © iStockphoto/Kaphoto; © Thinkstock/iStock/bochimsang; © fotolia/Aleksejs Pivnenko; © Thinkstock/iStock/NatalyaAksenova; © Thinkstock/iStock/GlobalP; 2. Spalte von oben: © Thinkstock/iStock/Boarding1Now; © Thinkstock/iStock/Daniela Pelazza; © Thinkstock/iStockphoto/Olga Popova; © Thinkstock/iStock/Gizelka; Kommunikation: D © fotolia/Thaut; AT © fotolia/DeVIce; CH © MEV/Durz Hubert **S. 17:** Ü9 von links: © Thinkstock/iStock/GlobalP; © Thinkstock/Hemera/Filip Put; © Thinkstock/iStock/anna1311; © fotolia/ACP prod; © Thinkstock/iStock/Daniela Pelazza; © Thinkstock/moodboard; © fotolia/gtranquillity; © fotolia/Maksim Shebeko; Ü12: oben © Thinkstock/iStock/bokan76; unten © Thinkstock/iStock/Juanmonino **S. 19:** Tante © Getty Images/iStock/Juanmonino; Mama © Getty Images/E+/petek arici; Papa © Thinkstock/iStock/Wavebreakmedia; Opa © Thinkstock/Stockbyte/Comstock Images; Oma © Thinkstock/iStock/monkeybusinessimages **S. 20:** Weitere Wörter: 1. Spalte von oben: © fotolia/objectsforall; © fotolia/ACP prod; © Thinkstock/Hemera/Filip Put; © Thinkstock/moodboard; 2. Spalte von oben: © fotolia/Maksim Shebeko; © fotolia/gtranquillity; © Thinkstock/iStock/anna1311 **S. 23:** Ü10 von links: © Thinkstock/iStock/deyangeorgiev; © Thinkstock/iStock/nevodka; © Thinkstock/iStock/ClaudioVentrella; © fotolia/objectsforall; © Thinkstock/iStock/anna1311; © Thinkstock/iStockphoto/Olga Popova; © Thinkstock/iStock/Boarding1Now; © fotolia/Maksim Shebeko; Ü12: Foto: Rahmen © Thinkstock/iStock/ISMODE; Familie © Thinkstock/iStock/PIKSEL; Salat © MEV/Creativstudio; Sofa © Thinkstock/iStock/Baloncici **S. 25:** Ü17 © Thinkstock/iStock/ATELIER CREATION PHOTO **S. 26:** Wortschatz: Bett © fotolia/Tiler84; Lampe © Thinkstock/Hemera/Margo Harrison; Fenster © Thinkstock/iStock/Serp77; Sofa © Thinkstock/iStock/Baloncici; Foto: Rahmen © Thinkstock/iStock/ISMODE; Familie © Thinkstock/iStock/PIKSEL; Weitere Wörter: 1. Spalte von oben: © Thinkstock/ iStock/bergamont; © fotolia/Taffi; © Thinkstock/iStock/nevodka; © Thinkstock/iStock/myistock88; 2. Spalte von oben: © Thinkstock/iStock/Vitaly Korovin; © MEV/Creativstudio; © Thinkstock/iStock/deyangeorgiev **S. 27:** Ü3: Lampe © Thinkstock/Hemera/Margo Harrison; Esel © Thinkstock/iStock/GlobalP; Tomate © Thinkstock/iStock/anna1311; Salat © MEV/Creativstudio; Bett © fotolia/Tiler84 **S. 30:** Ü12 © Getty Images/E+/gruizza **S. 31:** Ü13 © Thinkstock/iStock/Mykola Sosiukin **S. 32:** Hände alle © fotolia/PictureArt; Würfel alle © Thinkstock/iStock/Fotoplanner **S. 33:** Ü3 von links: © fotolia/Maksim Shebeko; © Thinkstock/iStock/GlobalP; © fotolia/Aleksejs Pivnenko; © Thinkstock/iStock/ClaudioVentrella; © Thinkstock/iStock/myistock88 **S. 34:** Ü5: Foto: Rahmen © Thinkstock/iStock/ISMODE; Familie © Thinkstock/iStock/PIKSEL; Lampe © Thinkstock/Hemera/Margo Harrison; Nase © Thinkstock/iStock/Daniela Pelazza; Banane © Thinkstock/ iStock/bergamont; Sofa © Thinkstock/iStock/Baloncici; Bett © fotolia/Tiler84; Ente © Thinkstock/iStock/NatalyaAksenova **S. 36:** Ü8: 1. Reihe von links: © fotolia/Robert Kneschke; © Thinkstock/iStock/AlenaMozhjer; © Thinkstock/iStockphoto; 2. Reihe von links: © fotolia/ACP prod; © Thinkstock/iStock/fotofermer; © Thinkstock/iStock/Kwangmoozaa **S. 37:** Ü9 von oben: © Thinkstock/iStock/fotofermer; © blueringmedia – stock.adobe.com; © Thinkstock/iStock/NatalyaAksenova; © Thinkstock/iStock/F43iO; © Thinkstock/iStock/Boarding1Now; © Thinkstock/iStock/Daniela Pelazza **S. 39:** Ü15: Mann © Eugenio Marongiu – stock.adobe.com; Frau © Getty Images/E+/pixelfit **S. 40:** Wortschatz: 1. Spalte von oben: © Thinkstock/Zoonar RF; © iStock/DarthArt; © Thinkstock/Hemera/Brian Jackson; © fotolia/Georg Tschannett; 2. Spalte von oben: © Hueber Verlag/Nina Metzger; © fotolia/Wolfgang Jargstorff; © Getty Images/iStock/al_la **S. 43:** Ü8: 1. Reihe von links: © Hueber Verlag/Nina Metzger; © Thinkstock/Zoonar RF; Foto: Rahmen © Thinkstock/iStock/ISMODE; Familie © Thinkstock/iStock/PIKSEL; 2. Reihe von links: © Thinkstock/iStock/AlenaMozhjer; © Thinkstock/iStockphoto; © DIGITALstock/M. Misar **S. 44:** Illu Rose: Virginia Azañedo, München **S. 45:** © Thinkstock/iStock/AntonioGuillem **S. 46:** Weitere Wörter: 1. Spalte von oben: © iStock; © Thinkstock/iStock/thumb; © Thinkstock/iStock/tanuha2001; 2. Spalte von oben: © Thinkstock/iStock/Julián Rovagnati; © fotolia/Pavel Losevsky **S. 48:** Zitrone © Thinkstock/Stockbyte; Kuchen © Thinkstock/iStock/Werner Münzker; Tomate © Thinkstock/iStock/anna1311; Salat © MEV/Creativstudio **S. 49:** Ü9 © Thinkstock/iStock/gpointstudio; Ü12: 1. Spalte von oben: © Thinkstock/Hemera/Zeljko Bozic; © Thinkstock/iStock/Madllen; © Thinkstock/iStock/bochimsang; 2. Spalte von oben: © fotolia/objectsforall; © Thinkstock/iStock/ValentynVolkov; © Thinkstock/iStock/Gizelka **S. 50:** Ü14 von oben: © Thinkstock/Hemera/Zeljko Bozic; © Thinkstock/iStock/Madllen; © Thinkstock/iStock/Gizelka; © Thinkstock/iStock/ValentynVolkov **S. 51:** Ü16 von oben: © BananaStock; © iStock/kemalbas; © iStock/poco_bw **S. 52:** Wortschatz: 1. Spalte von oben: © Thinkstock/Hemera/Zeljko Bozic; © Thinkstock/iStock/Madllen; © Thinkstock/iStock/ValentynVolkov; 2. Spalte von oben: © Thinkstock/iStock/Werner Münzker; © Wolfgang Jargstorff – stock.adobe.com; Weitere Wörter: 1. Spalte von oben: © Getty Images/E+/Wildroze; © Stephen Cordory – stock.adobe.com; © Damir – stock.adobe.com; © Thinkstock/iStockphoto; 2. Spalte von oben: © Thinkstock/iStock/choness; © Thinkstock/iStock/skyman8; © iStock/ollo **S. 54:** Ü8: 1. Spalte von oben: © PantherMedia/Michael Dietrich; © iStock/DarthArt; © iStock/xyno; 2. Spalte von oben: © Thinkstock/Hemera/Brian Jackson; © Getty Images/iStock/al_la; © Thinkstock/iStock/peresanz **S. 57:** 1 © Thinkstock/iStock/m-imagephotography; 2 © irisblende.de **S. 58:** Wortschatz: 1. Spalte von oben: © Thinkstock/iStock/peresanz; 2x © Thinkstock/iStock/Wavebreakmedia; © Thinkstock/iStock/leaf; 2. Spalte von oben: © Getty Images/iStock/shironosov; © PantherMedia/Michael Dietrich; © iStock/xyno; © fotolia/Dron; Weitere Wörter: 1. Spalte von oben: © fotolia/emilio100; © fotolia/300dpi; © Thinkstock/iStock/Chunhai Cao; 2. Spalte von oben: © Thinkstock/PhotoObjects.net/Hemera Technologies; © Alexander Blinov – stock.adobe.com **S. 59:** von links: © fotolia/Pavel Losevsky; © Thinkstock/iStock/AlenaMozhjer; © Thinkstock/Stockbyte; © Thinkstock/iStock/fotofermer; © iStock **S. 60:** von oben: © Thinkstock/iStock/Werner Münzker; © Thinkstock/iStock/Madllen; © Thinkstock/Stockbyte

**Illustrationen:** Jörg Saupe, Düsseldorf; Gisela Specht, Weßling **Bildredaktion:** Nina Metzger, Hueber Verlag, München